LIVRO PARA COLORIR

As letras do alfabeto

em *Mandalas*

Medito a cores e preencho os diagramas com a minha própria paleta.

Este livro está em:

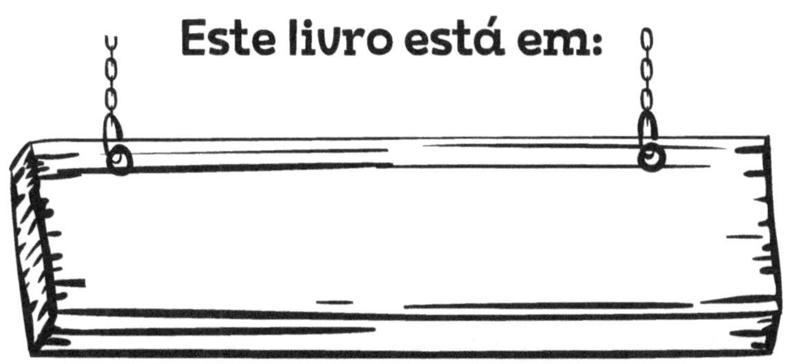

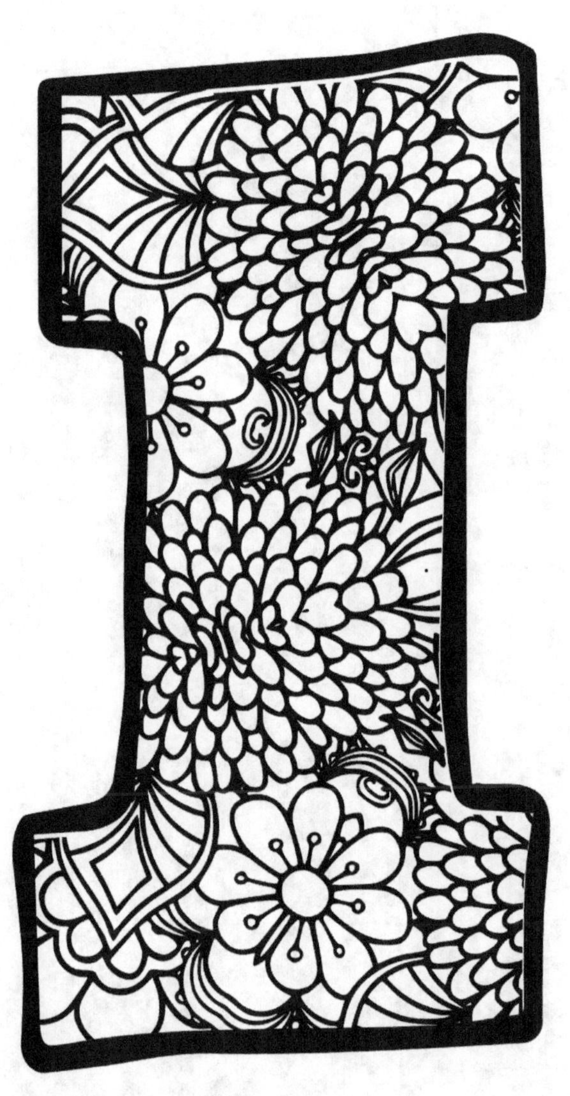

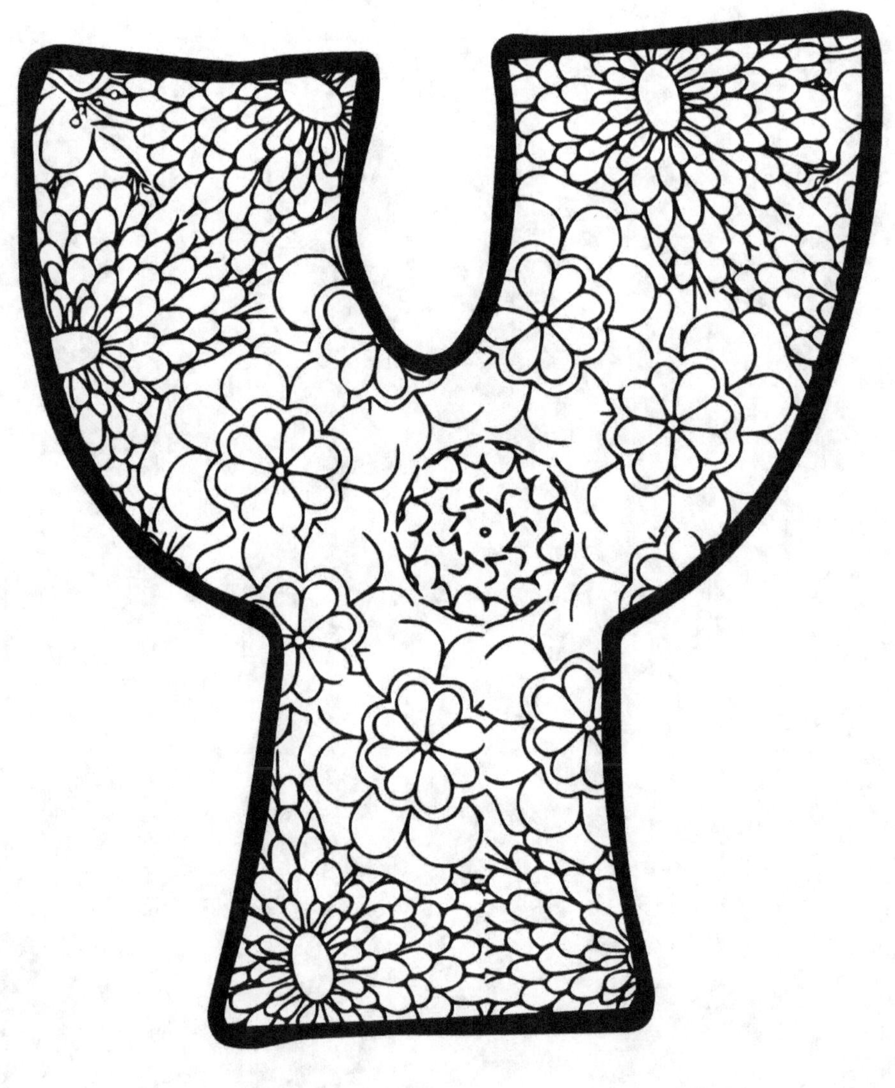

BÓNUS

Os números a cores

Obrigado por comprar o nosso livro!

Se gostar deste livro, agradecemos a sua opinião sobre a Amazon.

Para o fazer, vá para a página amazónica deste livro e clique em "Escrever a minha crítica".

Muito obrigado!